AF562906

NOS HONORABLES S'AMUSENT.

PAR

VICTOR GRENIER

Prix : 1 franc 25

Typ. P. [illegible], Saint-Denis, (Réunion)

1878

NOS HONORABLES

S'AMUSENT

Nos honorables s'amusent ! Eh parbleu, pourquoi ne s'amuseraient-ils pas ? Ils seraient bien bêtes de ne pas s'amuser, ces chers honorables. Ils ont bien mérité de la patrie créole ! Il faut suivre le précepte de la chanson :

Nous n'avons qu'un temps à vivre ;
Amis passons le gaîment :
De tout ce qui peut s'en suivre,
N'ayons jamais aucun tourment.

Voilà la bonne philosophie ; il paraît que c'est aussi la bonne politique. Vive la République qui nous donne ces réjouissances culinaires. « Deus nobis hæc otia fecit. »

On banquette à l'hôtel du gouvernement ; on banquette chez M. le Président du Conseil général ; on banquette chez l'ingénieur du port ;

on banquette chez Monsieur le Maire de Saint-Paul. Seigneur tout puissant ! où ne banquette-t-on pas ? Un de nos anciens habitants de Saint-Pierre, disait un jour après avoir donné chez lui une soirée dansante et mangeante, que l'atmosphère de son salon était surchargée de gâteaux, nous pouvons dire avec plus de raison, que depuis quelques jours l'atmosphère de la Colonie est littéralement surchargée de chapons, dindons, dindes et dindonneaux, truffes, poissons, camarons et autres comestibles savoureux, agréables aux appétits démocratiques.

Malheureusement toutes ces réjouissances gastronomiques ne chassent pas la fièvre, et la misère est toujours grande, le riz devient de jour en jour plus cher, le pauvre monde est obligé de manger du manioc; mais qu'importe la misère de la canaille d'en bas, lorsqu'on voit si bien se gaudir les honorables d'en haut ! — Seulement, il faut reconnaître que dans la plupart des cas, c'est la canaille d'en bas qui paye tous les frais, et c'est justice.

Mais procédons par ordre et reprenons l'histoire du dernier mois qui vient de se passer.

Nous avons parlé dans notre avant-dernière publication de la séance d'ouverture de notre Conseil général. Nous avons fait connaître la composition du bureau qui fut élu au grand étonnement de tout le monde. C'est en effet un bureau panaché dans lequel, avons nous dit, l'honorable docteur hydroth-ropate Herland a trouvé qu'il y avait à boire et à manger.

Le Président, citoyen Drouhet père, est un éclectiques en matière politique. Il est à cheval sur l'Empire et la République, et ne dédaigne pas non plus la forme monarchique, soit qu'il s'agisse de la royauté traditionnelle et légitime, ou-bien du gouvernement constitutionnel. Il a donné des gages aux partisans de toutes les opinions. Personne n'a mieux fait que lui l'éloge de l'Empereur Napoléon III qu'il a appelé le régulateur du progrès européen. Sous le roi Louis Philippe, son attitude a été parfaite et il a obtenu de donner le nom du prince de Joinville à une institution qu'il avait fondée à St-Denis, pour faire concurrence au Collége royal dont il est devenu Proviseur quelque temps après. Aujourd'hui il a coiffé pour le moment le bonnet phrygien et termine tous ses discours par le cri de « Vive la République ; c'est un futé compère ! La majorité républicaine du Conseil général l'a porté cinq ou six fois de suite à la présidence ; mais pour un motif ou pour un autre, elle ne voulait plus de lui, et alors il a trouvé le moyen de se faire nommer par la minorité conservatrice et ses anciens adversaires, comment trouvez-vous la chose ? — C'est évidemment me répondrez-vous, le renversement de toutes les idées ! — Non, c'est le résultat des combinaisons éclectiques. Réfléchissez bien, et vous verrez qu'il y a sous tout cela l'intéressante question du Port et du Chemin de fer. Une main lave l'autre, toute peine mérite salaire, — services pour services ! — Voilà les principes d'économie politique professés par les patriotes coloniaux.

Les mauvaises langues disent que M. Droubet est très-bien dans les papiers de M. Lavalley, et que cette illustre amitié lui rapporte naturellement gloire et profit. Nous croyons nécessairement que tout se passe en tout bien, tout honneur, car il ne conviendrait pas que le Président du Conseil général fut l'employé à gages de l'Entrepreneur du Port et du Chemin de fer, dans le moment surtout où ce Conseil général sera appelé à prendre de nombreuses décisions au sujet de la dite entreprise.

Mais on est si méchant au village et les mauvaises langues sont si pernicieuses ! Ah que le vieil Esope avait raison de dire à son maître que si la langue est la meilleure chose du monde quand elle est accommodée pour être mangée à la vinaigrette, c'est aussi la plus mauvaise que l'on puisse imaginer quand on la laisse aller à tort et à travers, sur le compte du prochain ! — Voyez! Parce que dans la nouvelle majorité fabriquée au sein du conseil pour former le bureau panaché, dont nous avons parlé plus haut, il se trouve par hasard un médecin, un notaire et un avocat, on prétend que l'administration du port et du chemin de fer aura besoin d'un avocat, d'un notaire et d'un médecin lesquels seront recensés par M. Lavalley moyennant la somme annuelle de quinze mille francs par tête : quant à Monsieur Drouhet, son chiffre serait porté à vingt-quatre mille francs. Il n'y a sans doute pas un mot de vrai dans tout cela, par la raison toute simple que MM. Lavalley et Molinos ne sont pas des pigeons. On pourra peut-être tenter de mériter leurs bonnes grâces, mais ces illustres personnages ont des yeux pour voir et des oreilles pour entendre, et ils n'ont probablement pas pris la peine de sortir de France pour venir se faire blouser par des pélerins de l'Ile de la Réunion. Allons, allons ! dans cette grande opération du port et du chemin de fer, il y aura beaucoup d'espérances trompées, beaucoup d'appelés, mais peu d'élus.

Revenons au bureau actuel du Conseil général. — Après le citoyen Théodore Drouhet père, Président éclectique, nous avons pour Vice Président M. Denis de K/véguen, qui est généralement connu pour être un républicain sincère. Il est un peu rageur, le bonhomme, mais il faut lui passer de petits défauts dont le ridicule ne peut retomber que sur lui-même. D'ailleurs, avec un Président tel que le citoyen Tarratanta-re dont la manie est de tout absorber, le Vice Président est nécessairement condamné à un rôle complètement effacé.

Il nous reste à parler des deux secrétaires, et nous aurons fini avec ce bureau d'étonnante mémoire. On a placé à droite M. Pierre Bellier de Villentroy, à gauche le citoyen Lougnon. C'est surtout cette dernière combinaison qui a motivé l'exclamation pleine d'épatement du Docteur Herland dont nous avons parlé plus haut : « mais il y a là dedans à boire et à manger ! » — Oui ! on comprend peu, et même, il faut le dire, on ne comprend pas du tout qu'une même majorité politique ait pu envoyer dans le même panier, deux têtes aussi dissemblables. M. Pierre Bellier de Villentroy est un clérical pratiquant, voué depuis sa plus tendre enfance au culte du trône et de l'autel ; quant à M. Lougnon, lui, c'est un libre penseur de la classe de ceux qui soutiennent que Dieu est une hypothèse qu'il faut supprimer et que la seule forme de gouvernement acceptable est la République, même sans président. Ces deux hommes représentent l'eau et le feu : pendant que l'un tire à dia, il faut que l'autre tire à hue ! Arrangez-moi tout cela : M. Brouhet seul était capable de siéger, sans rire, entre ces deux antithèses.

Toute la besogne faite jusqu'à ce jour par le Conseil se ressent de la logique qui a présidé à la première séance d'ouverture. Nos honorables avaient l'habitude de se réunir uniquement pour nommer le bureau et les membres des différentes commissions, puis ils se hâtaient de se séparer, et chacun s'en retournait chez soi, après avoir préalablement assisté à un bon dîner gracieusement offert par le gouverneur. Cette fois-ci, le dîner n'a pas manqué, mais le Conseil ne s'est pas immédiatement séparé. Le Père Rigole et Croquemitaine ont fait comprendre à leurs collègues qu'il n'était pas raisonnable de venir des extrémités de l'Ile à St-Denis, uniquement pour nommer les membres d'un bureau et faire un bon repas : puisqu'il y avait à l'ordre du jour des questions prêtes qui attendent leur solution depuis fort longtemps, ils ont demandé à s'en occuper de suite et le Conseil général faisant droit à cette demande a décidé qu'il ne se séparerait pas immédiatement, comme à l'ordinaire.

On a donc mis à l'ordre du jour les questions suivantes :

1o Le plan de campagne pour l'année courante, dont on n'avait pas eu le temps de s'occuper dans la dernière session.

2o la question de la colonisation de la Plaine des Cafres qui est à l'étude depuis trois ou quatre années.

3o La caisse d'immigration.

4o Enfin la subvention à allouer aux communes pour venir au secours des indigents malades de la fièvre.

Il était convenu qu'on s'occuperait dans l'après-midi de la solution de ces différentes questions, et que la matinée serait tous les jours consacrée au travail des commissions.

La commission du budget présidée par le citoyen Fortuné Naturel appelé aussi à jouer en raccourci le rôle de Gambetta, et devant faire merveille grâce à la rédaction de son rapporteur, le citoyen Lougnon. Avec de tels hommes on ne devait pas perdre de temps, et les choses devaient marcher comme sur des roulettes et sans désemparer. Nous verrons ce qui s'est passé. — La Commission du budget n'a pas travaillé le matin pendant qu'on discutait dans l'après-midi les questions mises à l'ordre du jour. D'ailleurs le zèle de nos honorables s'est refroidi peu à peu. On avait toutes les peines du monde à réunir le nombre légal de conseillers pour entrer en séance, il a fallu s'ajourner jusqu'au 18 Juin courant, époque à laquelle on espère que le rapport de la Commission du budget pourra être discuté. Ainsi soit-il.

Un mot sur ce qui s'est passé avant cette prorogation :

On a parlé, parlé, parlé, on a crié on a vociféré, et après une suite indéterminée de discours interminables sur les quatre questions mises à l'ordre du jour, on a fini par couler à fond la question de la Plaine des Cafres, et celle de l'immigration, quant à la question du secours aux communes, on l'a coulée à moitié et on a renvoyé aux calendes grecques le Plan de campagne qui attend depuis la session dernière. Parbleu ! Il peut attendre encore trop occupé pour perdre du temps à un pareil détail. Nos honorables ne venaient plus aux séances du conseil et le combat cessa faute de combattants.

Donnons en résumé, le résultat des délibérations :

1o pour la Plaine des Cafres, après avoir expliqué que l'arrête de colonisation de 1852 avait été violé et foulé aux pieds sur tous les points par le fait des administrations antérieures, il fallait respecter les faits accomplis, quoique parfaitement abusifs, sauf aux parties lésées à se pourvoir devant les tribunaux compétents, si bon leur semble.

3o Quant à la question de la création de la caisse d'immigration, on a décidé que cette caisse serait créée dans des conditions peu acceptées par l'opinion publique. — En vain le commissaire du Gouvernement, M. Trollé, M. Naturel et autres ont démontré qu'il était injuste de faire payer par l'impôt, c'est-à-dire principalement par les pauvres une subvention qui était surtout destinée à favoriser les grands propriétaires en général et la Société du Crédit foncier en particulier, rien n'y a fait, l'intérêt personnel a prévalu. On a remarqué que tous ceux qui avaient plus particulièrement besoin du secours des immigrants ont voté pour la création de la caisse, les autres qui ne sont pas grands propriétaires ont voté contre : c'est tout naturel dans une assemblée où on a remarqué avec douleur que l'intérêt personnel passe presque toujours avant la justice et le patriotisme.

L'honorable M. Baroleau, président de la Chambre de Commerce en saisissant le Conseil de sa proposition relative à la création d'une caisse d'immigration avait tout simplement demandé une garantie contre les pertes que le commerce éprouve dans les opérations d'introduction des travailleurs dans la Colonie. Cela pouvait être accepté jusqu'à un certain point, et un syndicat composé de tous ceux qui ont besoin de travailleurs, aurait donné satisfaction aux réclamations du Commerce. La Commission de la caisse d'Immigration, dont le rapporteur était M. Jean Malbec, soutenu par l'honorable M. Reverzi, a été beaucoup plus radicale, elle a demandé et obtenu que les travailleurs seraient livrés aux propriétaires à raison de 200 fr. par tête, prix fixe, quand le prix de revient dépasse de beaucoup 200 fr. et atteint même en moyenne la somme de 250 francs. C'est la caisse d'Immigration qui payera la différence. Et cette caisse sera créée au moyen d'un paiement annuel (pendant 3 ans) de 400 000 francs à prendre sur les voies et moyens des budgets ordinaires, c'est-à-dire, comme l'a fait remarquer M. Trollé que, puisque nos budgets sont surtout alimentés par les ressources des Contributions indirectes, c'est principalement, le malheureux consommateur, le pauvre et le prolétaire qui sera appelé à subventionner la grande propriété.

Ce vote de la création de la caisse d'Immigration a inspiré à l'honorable M. Thomas une proposition originale. Il s'est dit : puisque la grande propriété obtient une caisse pour payer moins cher les travailleurs dont elle a besoin, pourquoi s'arrêterait-elle en si bon chemin ? — Demande donc aussi la création d'une caisse semblable pour l'introduction des mules, mulets, ânes et autres animaux nécessaires à nos exploitations agricoles. Cette proposition a été faite et déposée sur le bureau avec la signature de l'auteur. Le Conseil l'a repoussée par la question préalable ; c'est dommage ! On aurait pu demander encore la création de beaucoup d'autres caisses. Il faut reconnaître que le père Rigolo a du trait. On se rappelle son ancienne proposition au Conseil général, d'émettre le vœu qu'il n'y eût plus de Conseil général.

Reste maintenant à savoir ce que nos honorables ont décidé à propos de la question de la Subvention à accorder aux Communes pour venir au secours des fiévreux indigents. Voici :

M. Fortuné Naturel a d'abord proposé de voter 25 000 francs. C'est piètre a dit M. Bellier de Villentroy, et il faut voter au moins 100 000 francs. Alors M. de Pontlevoye et M. Trollé ont dit : votons 100 000 francs ; mais ce sera une goutte d'eau dans l'océan. N'importe, on votera 100 000 francs, mais la question est de savoir comment on va partager cette somme insuffisante. Alors on nommera une commission composée des plus capables de l'endroit sur les questions de chiffres. Au bout d'un certain temps la Commission vient dire qu'elle a achevé son travail. Bon ! Les fiévreux seront secourus. Nenni, il faut faire des calculs. Le rapporteur déclare qu'il faut envoyer chercher en France trente mille francs de quinine, mais il faut bien faire attention ! Une commande aussi considérable, aussi monumentale va faire augmenter énormément le prix de la quinine sur le marché européen, il faut prendre des précautions. On ne demandera que par 10 000 francs.

Quant aux soixante dix mille francs qui restent ils s'agit de les partager. Alors on a appelé des geomètres forts sur la table des logarithmes, et ils ont fait des calculs, et il s'est trouvé qu'après tous leurs calculs ils s'étaient trompés et que personne n'était plus d'accord. Alors le Conseil général a décidé que provisoirement on allouerait à chaque commune importante la somme de 1,500 francs et aux communes moins importantes la somme de 1,000 francs, pour le surplus on s'adressera aux amateurs du spiritisme qui vont évoquer les citoyens Archimède et Arago pour les prier de faire les calculs que les élus du suffrage universel ne sont pas capables de faire, et alors on saura probablement ce qui reviendra à chaque commune grande ou petite, (Vive la République) comme le dit l'honorable M. le

Président du Conseil (Théodore Droubet.)

Monsieur Laugier Directeur de l'Intérieur est parti pour France en congé pour une année, M. Lavalley entrepreneur du port et du chemin de fer est arrivé dans la Colonie pour commencer les travaux que tant de monde attend avec la plus légitime impatience : voila deux faits importants à propos desquels nous avons à entretenir nos lecteurs.

M. Laugier est parti en congé pour un an, les uns disent qu'il reviendra, les autres disent qu'il ne reviendra pas. Les témoignages de sympathies qui ont accompagné le départ de cet administrateur d'élite sont un juste tribut de reconnaissance pour les services qu'il a rendus au pays. Tout le monde pense et désire qu'il nous reviendra avec une position superieure. Ce qui porte surtout à le croire, c'est le concert d'éloges qui s'est élevé en son honneur.

Notre presse coloniale n'a pas ainsi l'habitude d'encenser ceux dont elle n'a plus rien à attendre. M. le Président du Conseil général a donné un banquet au Directeur de l'Intérieur, partant pour France, il attend bien qu'on lui rendra un jour sa politesse, il n'a pas l'habitude de placer son argent sans intérêt. Nous espérons avec lui que pour le plus grand intérêt de la Colonie, M. Laugier reviendra dans le pays avec la position qui est dûe à son mérite et à son dévouement.

Vendredi, trente et un mai le signal du Port annonçait l'arrivée de la Mall. On savait que le paquebot nous apportait le célèbre Ingénieur qui s'est chargé de nous faire un Port et un Chemin de fer. M. Lavalley était à bord. Une foule immense encombrait les quais du barachois.

A quatre heures de l'après midi, pendant que MM. Lavalley et Molinos débarquaient au pont du gouvernement, M. Camille Jacob de Cordemoy accostait au pont Protée. Les partisans du port de St-Denis s'étaient précipités au devant de leur ambassadeur extraordinaire pour avoir des nouvelles du résultat de son voyage pendant que la population sérieuse se pressait sur le passage de M. Lavalley.

Honneur au courage malheureux ! Laissons de côté M. Camille Jacob et ses adhérents, occupons nous des véritables héros de la fête. M. Lavalley est un beau et crâne vieillard de soixante trois à soixante quatre ans, qui paraît avoir bon pied et bon œil, et qui marche d'un pas ferme et délibéré. Il est bel homme, notre Ingénieur communal qui avait été expédié pour le mettre dans sa poche lui arrive tout au plus au nombril. On sent en voyant passer ce gaillard en costume de voyage, avec son geste impératif et son profil d'aigle, qu'il a l'habitude de dire à ceux qui marchent avec lui : « allons, messieurs, marchez droit, et faites vite ! » — Son compagnon M. Molinos est aussi un pèlerin qui paraît n'avoir pas froid aux yeux. Ceux qui ont assisté à leur débarquement, rien qu'en les voyant passer, sont retournés chez eux convaincus que le Port et le Chemin de fer se feraient indubitablement et rapidement, ainsi qu'ils l'ont annoncé.

Le brillant rédacteur du « Moniteur qui avait imaginé d'attacher son nom à la création d'un port dans la rade de St-Denis a dû se trouver quelque peu décontenancé en apprenant les infortunes de l'ambassade municipale dont il avait été, pour faire un bis » M. Drouhet, un des plus ardents promoteurs. Il s'est consolé en cherchant à faire de l'esprit : « Pourquoi, se demande-t-il, dans son numéro du mercredi qui a suivi l'arrivée des ingénieurs du Port à Bourbon, pourquoi M. Bourel a-t-il pris en location le bel immeuble de Mme Singer ? — C'est pour Lavalley ! répond-il avec infiniment de malice : « pour l'avaller ! » — Quel esprit ! — Pauvre Moniteur ! Il faut avouer qu'il n'est pas fort dans ce rôle-là. Il aurait pu trouver mieux dans le genre pour exhiber sa mauvaise humeur : il aurait dû répéter à M. Lavalley le mot que le petit Marseillais adressait à M. de Lesseps à propos de sa candidature à la députation dans le département des Bouches du Rhône « Lesseps nous donc tranquilles, vous nous faites Suez ! — Acela on aurait pu répondre a ce brave Moniteur, que c'est lui qui fait suer ses lecteurs quand il se met à batifoler, en voulant insinuer qu'il a de l'esprit.

M. le gouverneur avait eu la délicate attention d'envoyer sa voiture à la rencontre des illustres hôtes qui arrivaient dans la Colonie, et immédiatement, dans leur costume de voyage, MM. Lavalley, Molinos et leur suite se rendirent à l'hôtel du gouvernement.

L'arrivée des Entrepreneurs du Port et du Chemin de fer, fut dès ce moment, l'objet de toutes les conversations à St-Denis. On s'occupait très-peu des nouvelles de la malle, on, s'intéressait fort médiocrement aux vicissitudes de la question d'Orient et du conflit Anglo-Russe, chacun disait son mot sur la création du Port et du Chemin de fer, tout le monde était plein de confiance dans l'incontestable supériorité des ingénieurs qui venaient mener à bonne fin cette grande et patriotique entreprise. A peine si quelques voix discordantes parties de quelques établissements de marine, venaient constater l'unanimité de ce concert en le troublant.

On sait que par une incroyable aberration, remarquable dans l'histoire de l'esprit humain, il s'était formé dans le sein du Conseil municipal de St-Denis une majorité hostile à la création du port et du chemin de fer de la Pointe, quand, pour tous ceux qui pensent et se donnent la peine de raisonner, en mettant de côté quelques considérations mesquines d'intérêt personnel, il est évident que cette entreprise aura pour la Capitale les résultats les plus avantageux D'un autre côté, ce qui n'est pas moins étonnant, la majorité du Conseil de commune de St-Paul, se montre remplie d'un enthousiasme inoui pour la création qui se prépare à la Pointe des Galets, quand il est visible à l'oeil nu que cette création sera pour St-Paul, les résultats les plus désastreux! comprenne qui pourra !

Le Conseil municipal de St-Denis était justement en session au moment de l'arrivée des Ingénieurs. Tout naturellement la majorité hostile aux travaux de la Pointe des Galets, et qui veut que le port soit fait à St-Denis, pensa à se rendre auprès de M. Lévalley pour lui faire entendre raison. Cette visite eut lieu, en effet, le Maire en tête. L'honorable docteur Sucre d'Orge, qui allait là beaucoup à contre cœur et sûr de se voir blackbouler, s'exécuta néanmoins, poussé qu'il était par M. Achille Moreau d'un côté, et Rosseval de Lescouble de l'autre. Heureusement que M. Lavalley est un homme fort bien élevé et qui entend parfaitement la plaisanterie, lors même qu'il s'agit de choses sérieuses. Il a reçu avec beaucoup de politesse les membres de la représentation communale de St-Denis, et leur a expliqué, sans éclater de rire à leur nez, que le port se ferait irrévocablement à la Pointe des Galets, et que c'était dans l'intérêt de St-Denis. C'est ainsi que les choses se sont passées du côté du Conseil municipal de St-Denis; Voyons maintenant de quelle manière le Conseil municipal de St-Paul s'est comporté, à propos de la même question.

Dès qu'on a su l'arrivée à St-Denis des ingénieurs du Port, les bons St-Paulois ont été dans la joie de leur âme !

Rien n'égale l'yvresse et l'enthousiasme qu'on a pu constater sur le bord de l'Etang ! — L'honorable Maire de la localité s'est mis en présence de lui même, et jetant un regard bienveillant sur son agréable personnalité, il s'est dit : décidément, Jean, mon ami, le fils de ton père est un gaillard digne de passer à la postérité' On le mettra à la tête des maires qui ont le mieux corroyé la fortune et la prospérité de leurs communes ! Quant au citoyen Gilles Grosse Panse, sa joie, fut plus bruyante encore. Il se met à parcourir les rues de St-Paul en criant Mon Port, Mon Port est fait ! Mon Chemin de fer se fera : et quant à Mon télégraphe, je le vendrai avec bénéfice honnête à l'Administration : c'est pour cela que j'ai voulu faire partie de la Commission du budget. Mes amis, préparons une manifestation grandiose pour recevoir dignement le grand Ingénieur qui vient faire Mon Port : La Commune se fera un véritable plaisir de payer : Et nous ferons d'une pierre deux coups, nous profiterons du séjour de M. Lavalley dans notre quartier, pour faire la translation des os de Deyot : hein : Comment trouvez-vous la chose ? — Nous allons mêler la science et la poésie : Utile dulci : — Vous voyez bien que ceux qui prétendent que je ne suis qu'un ignorant sont d'infâmes calomniateurs :

On croit réellement rêver, quand on pense aux actes d'insanité qui viennent de se produire à St-Paul. Nous les raconterons sans commentaire sauf à y revenir plus tard; mais avant de commencer ce récit, nous devons faire une rectification qui nous paraît nécessaire, et que nous faisons d'autant plus volontiers qu'elle ne nous a pas été demandée.

Dans une de nos précédentes publications, en passant en passant en revue plusieurs faits abusifs qui ont compromis les finances de la commune de Saint-Paul, nous avons écrit ce qui suit:

« Autrefait: L'Etang de Saint-Paul vient d'être envahi par les eaux de la mer, et il en résulte une perte considérable, pour ceux qui font du sucre dans cette localité. Plus de huit-cent milliers perdus! Toutes les cannes sont littéralement brûlées. Ce malheur n'aurait pas eu lieu, si les Républicains de la Commune n'avaient pas fait détruire il y a quelques années l'estacade qui empêchait les ras de-marée de fermer l'embouchure de l'Etang. Il faut donc rétablir l'estacade? Oui, mais pour cela il faut de l'argent. On avait voté sur le million accordé par la Métropole une somme de cinquante-mille francs pour le curage de l'Etang. Voici le moment d'employer cette somme, où est elle? — Disparue: — Vingt-mille francs ont été employés plus ou moins adroitement à faire des berges dans l'Etang et le reste.... — Eh bien, le reste? — Le reste montant à la somme de trente mille francs a été donné à M. Blondel, ingénieur du port pour payer son premier voyage à Bourbon:

Mais qui donc s'est permis de faire un tel virement des fonds de la commune ? — Probablement le maire et ses adhérents. — Mais à cela on nous répond que M. Blondel a promis de rendre l'argent quand le port sera fait. C'est bien, mais en attendant comment les Saint-Paulois vont-ils faire pour payer les frais de l'estacade qui leur est immédiatement indispensable pour ne pas perdre leurs récoltes ? »

Ce passage a fait jeter les hauts cris à Monsieur le Maire de Saint-Paul : il a parlé d'action en diffamation, il a interpelé le Directeur de l'intérieur au sein du Conseil général. Tiens, tiens, tiens ! M. Jean Milhet se montre aujourd'hui bien susceptible : il prétend qu'on l'écorche et qu'on lui tane le cuir, quand on ne fait que lui effleurer l'épiderme

Pourquoi M. Milhet ne s'est-il pas fâché quand nous lui avons dit qu'il n'était pas convenable de voir le Maire d'une commune, essentiellement chrétienne et catholique, donner à la population de sa ville le ridicule spectacle d'un enterrement civil ? Pourquoi ne s'est il pas fâché quand nous avons rappelé la négligence, l'incapacité ou l'incurie dont ont fait preuve ceux qui étaient, par leur position, chargés de surveiller les agissements du percepteur de St-Paul et qui l'ont laissé creuser un déficit de plus de deux cent mille francs dans la caisse communale, en fermant les yeux quand la Police n'était pas payée pendant plusieurs mois, et en signant sans compter un registre d'obligations ?

Car enfin lorsque nous avons dit que c'est PROBABLEMENT le Maire de la municipalité de St-Paul qui a pu autoriser au profit de l'ingénieur du port, le virement d'une somme, attribuée à la commune, nous pensions n'avancer qu'une chose parfaitement plausible et naturelle. Nous étions à ce qu'il paraît dans l'erreur, et les renseignements qui nous avaient été fournis n'étaient pas très exacts, c'est le ministre lui-même qui a ordonné de payer à l'Ingénieur les trente mille francs qui ont été pris sur les fonds revenant à St-Paul. — C'est bien ! Nous rectifions sur ce point ce que nous avons dit d'une façon dubitative en employant le mot PROBABLEMENT.

Mais d'un autre côté M. le Maire de St-Paul pourrait il nous dire si le ministre a pris cette détermination proprio motu, et sans être sollicité par aucune demande émanant de St-Paul ? — s'il en est ainsi, nous demanderions à M. Milbet la permission d'insister pour savoir comment il se fait que lui, maire de St-Paul, il n'ait pas réclamé contre une mesure qui portait préjudice à sa commune, dont il est chargé de défendre les intérêts. Car enfin, on comprend que le ministre ait autorisé sur les fonds appartenant à la Colonie un paiement aux Ingénieurs pour un travail fait dans l'intérêt de la Colonie, mais pourquoi faire payer spécialement ce travail par la Commune de St-Paul, quand il est évident pour tout homme de sens, que cette heureuse Commune éprouvera le plus grand préjudice de la création du Port !

La création du port et du chemin de fer à la Pointe des Galets sera un immense bienfait pour la Colonie en général, mais il faut cependant reconnaître qu'il y a des communes qui, à un point de vue particulier, n'auront pas à se louer beaucoup de cette création — Saint-Paul est évidemment dans ce cas — Saint-Denis dont le conseil municipal se plaint beaucoup, a tout à gagner et rien à perdre dans la création projetée, Saint-Paul dont le conseil municipal se réjouit de la façon la plus folle, sera littéralement supprimé. Tout le mouvement se portera évidemment du côté de Saint-Denis, où se trouve l'administration, le commerce et la fortune de la Colonie. Le jour où l'on posera la première pierre du port de la Pointe, la Possession demandera à être érigée en commune, et c'est le devoir de l'administration [illegible] à un vœu semblable. Cette érection de la Possession en commune devra même être proclamé d'office, si par des influences impossibles des habitants de cette localité étaient amenés à ne pas réclamer leur droit.

Alors faites moi donc le plaisir de me dire ce que deviendra Saint-Paul ? — Un simple et insignifiant petit village habité par des pêcheurs de cabots et des éleveurs de cagords et gouverné par son maire Jean, et son tabellion Gille Gousse Pousse. Voilà le résultat nécessaire et fatal de la création du port et du chemin de fer de la Pointe des Gallets pour la ville de Saint-Paul. Et c'est pour cela, grand Dieu c'est pour arriver à ce pitoyable résultat qu'on a fait dépenser tant d'argent à cette malheureuse commune, dont les finances sont d'ailleurs si étrangement compromises ! — On a d'abord laissé donner, sans observation, trente mille francs qui revenaient à St-Paul, pour faciliter les études du port de la Pointe des Galets, et d'une ! — On a donné à M. Millies, qui a donné à M. Drouhet, vingt mille francs pour aller en France défendre le projet de port et de chemin de fer de la Pointe des Galets, et de deux !

On vient, dit-on, de voter une somme de huit mille francs, ou plus, pour fêter l'arrivée à St-Paul de M. Lavalley, le chef de l'entreprise du Port et du Chemin de fer de la Pointe des Galets, et de trois ! Quand donc arrêtera-t-on dans cette voie lamentable? — Pendant ce temps, les indigents de St-Paul sont décimés par la misère et la fièvre, et la commune tend la main pour recevoir les quinze cents francs qui lui reviennent sur la répartition de la somme votée par le Conseil général pour secourir les malades. Singulière anomalie, d'un côté, on tend la main en criant faim et misère, et de l'autre on fait largesse en répandant l'argent des contribuables pour d'inutiles gaspillages. M. Lavalley n'avait pas besoin de ces manifestations ridicules, et ce n'est pas pour boire qu'il a fait le voyage de France à l'Ile de la Réunion! Il a dû sourire de pitié, quand en arrivant sur la chaussée de St-Paul il a aperçu cet arc de triomphe, en forme de reposoir dressé devant l'ancienne demeure de M. Philibert Trousseau, et sous lequel il était gravement attendu par les chefs de l'édilité St-Pauloise affublés de leurs sous-ventrières tricolores à glands d'or! S'il est vrai que pour payer une semblable mascarade et le banquet qui a suivi, avec accompagnement d'illumination et de musique, on a réellement mis une somme de huit mille fr. et plus à la disposition du maire qui touche déjà six mille francs de frais de représentation, nous disons que la chose est tout simplement monstrueuse.

Mais dira-t-on, pour ce qui concerne les vingt mille francs donnés à M. Drouhet, la commune de St-Denis on a fait autant en expédiant M. Jacob pour plaider en faveur d'un port à St-Denis. — Permettez ! Ce qui s'est passé à St-Denis ne ressemble en rien à ce qu'on a fait à St-Paul. A St-Denis le Conseil municipal a envoyé M. Camille Jacob de Cordemoy en France pour proposer de faire le port à St Denis, ce qui aurait été évidemment dans l'intérêt de la Capitale. A St-Paul au contraire on a expédié M. Drouhet pour soutenir le projet de port à la Pointe des Galets, ce qui amènera inévitablement la ruine et la suppression de la ville de St-Paul. A St-Paul on a voté vingt mille francs pour M. Drouhet, à St-Denis on n'a donné que huit mille francs à M. Jacob, et ces huit mille francs ont parfaitement suffi. — Quand M. Drouhet est revenu, il a rendu compte de sa mission au Conseil municipal de St-Paul, et il a établi par compte qu'il avait dépensé la somme de dix huit mille cinq cents francs. C'est raide ! Mais enfin la Commune a approuvé la dépense et lui a octroyé les quinze cents francs qui complètent la somme de vingt-mille francs votée d'abord. — C'est généreux. Le Conseil municipal de St-Denis au contraire, après avoir entendu M. Camille Jacob à son retour, a eu la petitesse d'accepter que ce brave garçon rende sur ses appointements les huit mille francs qui lui ont été donnés pour faire son voyage. On n'est pas plus cuistre. — Il faut espérer que le Conseil de

Commune reviendra sur cette décision.

Le huit juin courant a quatre heures de l'après midi, M. Lavalley arrivait a St-Paul avec les ingénieurs de sa suite. L'illustre visiteur était attendu par M. le Maire a la tête de ses adjoints et les membres de son Conseil municipal. Toute l'édilité St-Pauloise était en grand costume, le maire et ses deux adjoints étaient ornés d'écharpes resplendissantes. M. Lavalley fut reçu a l'entrée de la ville sous un arc de de triomphe monumental qu'on avait dressé en face de l'ancienne maison de M. Philibert Trousseil père. C'est la que l'éminent Maire de St-Paul donne cours a sa faconde ordinaire dans une harangue que nous regrettons sincèrement de ne pas pouvoir reproduire pour égayer nos lecteurs. M. Lavalley visiblement géné de se voir compromis dans cette grotesque manifestation, s'en tira en homme d'esprit en répondant seulement en quelques mots. On se rendit dans le salon où le Maire avait fait préparer son banquet d'honneur. — Dans la soirée, il y eut illumination a la mairie. M. Lavalley s'y rendit pour subir encore un discours de M. Lacaze adjoint du Maire.

Pendant toute la journée du 8, M. Gilles Crestien avait fait circuler des invitations pour la translation des cendres de Dayot. Il voulant profiter du séjour de l'illustre ingénieur pour cette exhibition carnavalesque qu'il avait annoncée depuis plusieurs mois. M. Lavalley se dispensa d'assister a cette cérémon ie funèbre qui eut lieu le dimanche 9 juin a 6 heures de l'après midi. Les coins du poêle étaie nt tenus par MM. M lhet, Gruchet, Emile Bellier, et Julien, le vieux noir domestique de Dayot. Pas de prêtre a cet enterre.uent. Nous demandons de quel droit M. Gilles Crestien, membre da conseil de fabrique de sa paroisse, s'est permis de faire a Dayot un enterrement civil. C'est une simple question sur laquelle nous reviendrons dans une prochaine publicatio, ou nous occuperons spécialement de cette cérémonie.

Aujourd'hui l'espace nous manquée, et nous avons à raconter tous les grands faits culinaires qui se sont produits dans le courant du mois qui vient de s'écouler.

Nous avons eu banquet chez M. Drouhet, banquet au gouvernement, banquet chez M. Blondel, banquet à Saint-Paul et rebanquet au gouvernement. Que de comest bles engloutis; Le prix des truffes a augmenté sur le marché. Comment raconter dignement toutes ces grandes choses? Un de nos amis est venu à notre secours. Pendant le délire d'un accès de fièvre paludéenne, il a eu l'idée de fondre en un seul, tous les banquets que nous aurions eu à analysé un à un, et il a fait ainsi une immense description dont nous donnons le résumé à nos lecteurs.

« Dans ce gigantesque festin, on voyait figurer tous nos hauts fonctionnaires et tous nos honorables, chacun en son rang. M. Drouhet avait été placé sur la tête du Gouverneur, et c'était lui qui faisait les honneurs du repas. Il offrait à chacun selon son goût : Messieurs, voulez-vous des blagues de béliers à la sauce écarlate ? — Des crêtes de coq à la Duc d'Aumale? Des cuisses d'aigle à la Marengo, ou des écrevisses à la sauce blanche ? Il y en a pour tous les goûts : Vive la République. » — (à continuer.)

V. G.

Le 15 Juin 1878.

NOS HONORABLES S'AMUSENT.

(Suite).

PAR

VICTOR GRENIER

Prix : 1 franc 25

Typ. P. [illegible], Saint-Denis, (Réunion)

1878

NOS HONORABLES

S'AMUSENT

(Suite)

Nous avons terminé notre dernière brochure en donnant le commencement de la relation d'un banquet fantastique où assistaient tous les honorables de la Colonie : on nous a reproché d'avoir placé l'éminent citoyen Terrémature, de bruyante mémoire, sur la tête de Monsieur le Gouverneur, nous devons à nos lecteurs des explications à ce sujet. Notre but a été de faire de la conciliation et d'éviter toute espèce de réclamations au sujet des questions de préséance. On sait en effet que l'éminent Président actuel du Conseil général est possédé de la manie de vouloir être toujours placé au premier rang dans tous les repas où il est invité. Il lui faut la place d'honneur, c'est son idée fixe. Il a voulu présider le banquet offert par la ville de Saint-Denis à M. de Mahy, il n'entend pas s'asseoir ailleurs qu'à la place d'honneur au dîner traditionnel que le Gouverneur donne tous les ans, à l'époque de la session ordinaire du Conseil général aux principaux fonctionnaires du pays et aux élus du suffrage universel. Monsieur Drouhet prétend que représentant le pays, il doit être mis à la droite de la maîtresse de la maison, avant l'Evêque, avant l'Ordonnateur, avant le Directeur de l'intérieur, avant qui que ce soit ! Il est le représentant du pays, par une fiction plus ou moins acceptable, et à ce titre il faut qu'on lui cède le pas, fut-on le représentant de la Métropole, fut-on le représentant de Dieu !

. . . .

Inutile de discuter cette étonnante prétention de Monsieur Drouhet que chacun est libre d'apprécier à sa manière ; mais pour ce qui regarde sa demande d'être placé dans un repas avant l'Evêque, nous ferons au président du conseil général une simple observation qui aurait été inutile si le titulaire de cette dignité éphémère avait un peu plus l'usage du grand monde et de la bonne société. En effet il est admis, chez les gens qui savent vivre, que la robe du prêtre ne compte pas, dans un dîner, pour le réglement des questions de préséance. Quand un grand seigneur, quand un gentilhomme, voire même tout simplement un homme comme il faut, réunit à sa table un certain nombre de personnages, quand il y aurait parmi les invités, un prince, un rajah, un nabab, une individualité considérable par la fortune, la science ou le talent, la place d'honneur, c'est-à-dire, la droite de la maitresse de la maison, est toujours réservée au curé et à plus forte raison à l'Evêque, qui est d'ailleurs un prince de l'Eglise, mais cela ne tire pas à conséquence dans la question des préséances, c'est une robe! Voilà ce que M. Droubet ne savait probablement pas quand il a insisté, dit-on, pour obtenir la première place au banquet que le Gouverneur offre tous les ans pendant la session du Conseil général à tous les hauts fonctionnaires de la Colonie, et auquel il convie gracieusement les membres du Conseil général présents à Saint-Denis.

La conclusion qu'on peut tirer de tout ce qui précède, c'est que si réellement M. Droubet s'est donné l'immense ridicule de réclamer la place d'honneur avant l'Evêque dans le dîner du Gouverneur, ce qui a décidé naturellement monseigneur de Saint-Denis, à ne pas se rendre à l'invitation du chef de la Colonie, on a parfaitement raison dans la relation d'un banquet fantastique où se réuniraient tous les fonctionnaires de la Colonie et tous les membres du Conseil général, on a parfaitement raison de chercher une place extraordinaire pour le dit citoyen Droubet ; seulement au lieu de le placer sur la tête du

Gouverneur, ce qui serait incommode pour lui et pour le Chef de la Colonie, nous pensons qu'il serait plus convenable de faire asseoir l'éminent Président du Conseil général sur une immense brioche qu'on placerait au milieu de la table. Après cela, si son orgueil n'est pas satisfait, tant pis pour lui, il ne resterait plus qu'à lui offrir la place du dindon truffé dont le gros jabot, plein de farce, se dresse avec tant de majesté dans les agapes démocratiques.

Mais laissons de côté Monsieur Drouhet et ses prétentions fabuleuses dans les questions de préséance en matière de manifestations gastronomiques et culinaires; qu'il occupe à perpétuité toutes les places d'honneur, si cela l'amuse et si on veut bien se soumettre à ses exigences, peu nous importe ! nous avons actuellement d'autres chats à fouetter. Aussi bien il faut reconnaître que si cet atrabilaire citoyen, doué d'une énergie excessive et d'un caractère essentiellement dominateur veut que tout s'abaisse devant son importante personnalité, il est incontestable qu'il préside d'une manière parfaite le Conseil général, dont il dirige les débats avec un talent qu'il serait difficile de trouver dans un autre de ses collègues. Que si, comme Gérome Paturot il est à la recherche d'une position sociale sur laquelle il est dit-on sur le point de mettre enfin la main, tant mieux pour lui, personne n'est en droit de lui faire de reproches à cet égard, s'il ne sacrifie pas à son intérêt personnel l'intérêt supérieur de la colonie dont la défense lui est confié par le suffrage de ses concitoyens. Cela posé, nous revenons à nos bons Saint-Paulois.

Et d'abord versons un pleur sur les infortunes de ce pauvre docteur de Fontrabiouse que le sort parait persécuter depuis quelques jours de la façon la plus douloureuse. L'histoire qu'on raconte de sa première visite chez M. Lavalley est réellement on ne peut plus déplaisante. Le lecteur appréciera :

" Il parait que l'excellent docteur Maire de St-Paul, ressemble comme deux gouttes d'eau au domestique de M. Blondel. Mais c'est dit-on, une ressemblance étonnante comme on en voit peu même dans les pièces de thèâtre : le brasseur de Preston ne ressemblait pas plus à son frère pour lequel il a gagné la bataille grâce à son cheval ; Lesurque ne ressemblait pas plus à Dubosq, pour le compte duquel il a été condamné et exécuté. M. Milhet est le portrait vivant du major-dome chargé du service de la maison de Messieurs les Ingénieurs du port et du chemin de fer. C'est la même taille, la même démarche, la même manière de porter ses favoris en cotelettes, le même nez en bec d'oiseau venant rejoindre un petit menton pointu, par dessous une bouche défectueuse où l'on constate l'absence d'une demi-douzaine de dents. Bref ils se ressemblent depuis les pieds jusqu'à la tête, avec cette différence seulement que le majordome a l'air un peu plus distingué que le docteur. Cette ressemblance demandait à être signalée, pour bien faire comprendre l'histoire que, sur la foi de la rumeur publique, nous allons actuellement raconter à nos lecteurs qui penseront probablement comme nous, que si ce n'est pas vrai, c'est du moins bien trouvé : « si non vero, bene trovato. » — Voici :

Le lendemain de l'arrivée des Entrepreneurs du port et du chemin de fer, M. Lavalley, pour se remettre des fatigues de la veille, avait consigné sa porte pour toute la matinée : le majordome, chargé d'exécuter cette consigne se tenait sous la varangue pour prévenir les visiteurs qui se présenteraient que M. Lavalley ne recevrait que dans l'après-midi. Voilà que vers les huit ou neuf heures du matin, M. Milhet, tout essouflé d'avoir fait rapidement la route de St-Paul à St-Denis, se présente avec son gros frère siamois, le citoyen Gilles Grosse-Panse. Le domestique les prie poliment d'aller se promener, et de vouloir bien repasser plus tard, conformément aux ordres de M. Lavalley.

Comment ! s'écrie l illustre docteur maire, — Je suis moi-même le citoyen Jean Milhet de St-Paul. — Ça m'est égal, dit le domestique, je ne connais que la consigne qui m'a été donnée par le Directeur en chef des travaux du port et du chemin de fer — Mais reprennent á la fois Jean Milhet et Gilles Grasse-Panse, le port et le chemin de fer, ça nous connait ! C'est nous qui avons inventé la Pointe des Galets en collaboration avec l'illustre citoyen Pallu de la Barrière ! Dites à M. Lavalley que c'est nous ! Il sera enchanté de faire notre connaissance, il doit griller de l'envie de nous voir ! Allez ! garçon, annoncez la fleur des pois de la démocratie St-Pauloise !

— Impossible ! répond le domestique en persistant.

Alors les deux intrépides visiteurs, forçant la consigne, poussent la porte et entrent brusquement dans le salon en laissant le domestique sous la varangue. Cependant M. Lavalley qui a entendu du bruit se présente d'un air assez contrarié, et avisant M. Milhet dont il ne remarque pas la décoration, et qu'il prend naturellement pour son domestique :

Mon garçon lui dit-il, en lui frappant sur l'épaule, je vous avais donné une consigne ce matin, mais il parait . . . . . .

M. MILBET. (saluant.)

M. le célèbre ingénieur, ... ,

M. LAVALLEY. (continuant.)

Qu'au lieu de l'exécuter, ...

M. MILBET. (resaluant.)

J'ai l'honneur . . . .

M. LAVALLEY.

Tu as bu une bouteille. . . .

M MILBET.

De vous saluer et de vous présenter mes respectueux hommages . . . . .

M. LAVALLEY.

De vin à ma santé ! . . . . .

M. MILBET (réclamant)

Mais M. l'illustre ingénieur ! . . . . .

M. Lavalley.

Alors mon garçon, je te dirai que tu en as bu deux, ...

M. Millet.

Ah ! Monsieur l'Ingénieur . . . .

M. Gilles. (intervenant)

M. l'Illustre Ingénieur, il y a erreur, surprise, méprise et quiproquo ! Nous ne sommes pas ce que vous pensez, nous sommes les illustres représentants de la commune de St-Paul . . . , . .

M. Lavalley. (se ravisant)

Ah ! Messieurs, excusez-moi, je vous avais pris pour les domestiques de la maison . . .

MM. Millet & Chrétien.

Il n'y a pas de mal à cela.

Ainsi se termina cette scène étrange dont M. Lavalley a fait dit-on, le lendemain, des gorges chaudes avec ses collaborateurs et ses amis. Nous pensons que l'illustre Ingénieur a dû regretter sincèrement sa méprise, mais il n'est pas moins vrai pour cela, qu'il est fort désagréable pour l'éminent maire de St-Paul d'être pris à chaque instant pour un domestique. — Quelquefois, c'est le domestique qui est pris pour M. Milhet, et le domestique ne se soucie pas non plus de changer de personnalité.

Que faire à cela ? C'est en vérité fort désagréable, car ces méprises doivent se renouveler et se renouvellent en effet à chaque instant. Il y a quelque temps monsieur C J. en descendant la rue de Paris aperçoit sur le mur de l'emplacement occupé par les ingénieurs du Port un personnage en manches de chemise qu'il prend pour le maire de Saint-Paul. Tiens, tiens, se dit-il en lui-même, voilà Milhet installé sans façon chez M. Blondel, comme s'il était dans son propre domicile ! Puis continuant sa route monsieur C. J. passe près du mur où s'était accoudé le personnage en manches de chemise, et lui dit familièrement en faisant un signe de la main : adieu, adieu ! salam Milhet! — Mais le personnage répond par un grand et cérémonieux coup de chapeau. —Que signifie cela, pense M. C. J. et pourquoi Milhet me répond-il avec tant de froideur, quand je lui adresse, comme à l'ordinaire un salut amical ? — Il faut nécessairement demander des explications sur un pareil fait. — La dessus

M. C.-J. va trouver son frère qu'il se propose d'enveyer à M. Milhet après lui avoir expliqué ce qui vient de se passer. Et le frère de rire alors en se tenant les côtes, en disant que le personnage trouvé sur le mur n'est autre que le domestique de M. Blondel

Même erreur a été commise au coin de la rue Labourdonnais par M. Cl. qui a salué d'un : bonjour docteur, un individu qui a répondu : « je ne suis pas docteur, et vous me prenez pour un autre »

Enfin, il y a quelques jours, M. H. B se trouvant à l'hôtel d'Europe voit passer un habit à queue de morue surmonté d'une tête ornée de deux favoris couleur de fleurs de canne à sucr Milhet, s'écrie-t-il, viens donc faire une p d'écarté ou de dominos. — Je ne joue pas queue de morue. — Depuis quand, ré H. B. le docteur Milhet refuse-t-il ur — Mais je ne suis pas Milhet répond favoris couleur de fleurs de cann tout le monde alors, de partir d'un homérique. Réellement, c'est fort désob M. Lavalley se propose, dit-on, de donner grand bal pour rendre aux membres de la Société Créole les politesses qu'il a reçues partout depuis son arrivée dans la Colonie ; M. Milhet ne manquera pas sûrement d'assister à cette fête dont il sera un des principaux ornements. Voyez-vous quelle mystification. si pendant que l'honorable docteur se présente gracieusement pour inviter une dame à danser, celle-ci le prenant pour le premier domestique de la maison lui répond : garçon portez-moi donc un verre de sirop.

Pour éviter de semblables erreurs, nous donnerons charitablement à M. Milbet le conseil de se faire raser un côté de ses favoris, pendant qu'il laisserait l'autre intact. Cette idée toute simple lui donnerait une physionomie tout à fait originale. Dans ces considérations, s'il venait encore à être pris pour un autre, il n'aurait qu'à faire un tour sur lui-même dans une gracieuse pirouette et la méprise cesserait immédiatement. On pourrait même faire insérer à cet égard, dans les journaux, un petit avis que l'ami Gilles se ferait un véritable plaisir de rédiger, avec la distinction qu'on lui connait dans ce genre de littérature, cet avis pourrait être ainsi conçu :

AVIS

Le public est prié de ne pas se méprendre.

Les personnes qui sont DÉTENTEURS du portrait du Maire St-Paulois, sont prévenues que cet intéressant personnage a pris la détermination de ne porter désormais qu'un côté de ses favoris pour cause de nombreuses mystifications, plus ou moins désagréables.

Signé : GILLES GROSSE PANSE.

Le « Nouveau Salazien » acceptera p,obablement avec plaisir de publier cet avis, il n'en sera peut-être pas de même du « Moniteur ». Pourquoi ? C'est une histoire assez longue, que nous allons raconter :

Le « Moniteur » vient d'injurier le Maire de St-Paul, dans un entrefilet qui a paru dans son numéro du samedi, 22 Juin courant. Nous répondrons à cette inconvenante diatribe, non pour complaire à M. Milhet dont nous ne nous soucions guère, mais pour montrer, comme dit le créole, que nous vivons pas dans un pays de bébêtes, où des sottises de cette nature peuvent passer sans aucune espèce de protestation.

Ce triste morceau de littérature, qui a la prétention d'être un éreintement, et qui est plutôt, pour employer l'expression exacte, un véritable engueulement digne des femmes de la Halle, a pour titre : RÉPONSE A M. MILHET. Il est dû à la plume élégante du citoyen Thomy Lahuppe, rédacteur en chef du « Moniteur », et dont nous allons énumérer les titres dans un moment. Procédons par ordre, et citons textuellement le commencement de cette étrange et déplorable rapsodie, Le citoyen Thomy débute ainsi :

« Nous nous attendions pour aujourd'hui à une charge à fond de train du « Nouveau Salazien.

Mais ce que nous n'avons pas prévu c'est l'entrée en lice de M. Milhet maire de Sait-Paul, conseiller général, médecin quand il en a le temps, et chevalier de la légion d'honneur à perpétuité.

Le « Nouveau Salazien » qui n'est pas bien sûr de son jeu, a donc passé la parole à M. Milhet, et M. Milhet tient tout.

Eh bien, nous tenons aussi, et puisque M. Milhet est si beau joueur, nous ne voyons pas pourquoi nous serions avec lui en reste de générosité. »

Arrêtons-nous un moment ici pour admirer les graces de ce style, et les étincelles de cet esprit Gaulois dont l'intéressant rédacteur du Moniteur croit modestement avoir le privilége.

Ainsi le citoyen Thomy commence en gouaillant à nous initier à un détail personnel tout à fait intéressant ; il attendait dit-il une réponse du « Nouveau Salazien » contre lequel il soutien probablement une polémique de mauvais goût à propos de quelque question de boutique et de marché de travaux typographiques, mais le rédacteur de ce Journal se souciant peu de répondre au Labuppe s'est contenté d'imprimer à l'adresse de celui-ci une lettre du Maire de Saint-Paul. Bah ! Voila maître Thomy qui trouve ainsi l'occasion d'insinuer qu'il a de l'esprit. Il énumère les titres de M. Milhet à qui l'on a naturellement le droit de faire sur le même ton une réponse au citoyen Thomy Labuppe sous-lieutenant d'Artillerie de la Milice, Représentant dans le costume de ce grade, et sans mandat régulier, la Colonie de la Réunion à l'inauguration de l'ouverture de l'isthme de Suez, membre [illegible], passé ou futur de la Société des [illegible] à cause probablement de son chic anglais ; licencié en droit de la faculté de Paris, et avocat sans cause près les tribunaux de la Réunion; candidat blackboulé du Conseil général ; diplomate en expectative et représentant de la Colonie dans les futurs contingents de notre avenir démocratique : littérateur de contrebande ; sempiternel farceur et sauteur à perpétuité, Rédacteur du Cataplasme appelé « Moniteur » etc. etc. Nous écririons longtemps pour épuiser la série des titres de ce Monsieur qui se donne le genre d'énumérer ceux des autres en style plus ou moins charivarique. Il a l'air de blaguer M. Milhet d'être Maire de St-Paul, Conseiller général et chevalier de la Légion d'honneur : que ne ferait-il pas, lui, pour obtenir les mêmes faveurs, et mériter les mêmes titres ! Mais cela lui est défendu comme le « PATER » aux ânes, et ses plaisanteries à ce propos font tout simplement hausser les épaules du lecteur.

Voyez-vous le citoyen Thomy le nasillard, orné du ruban rouge, affublé d'une écharpe tricolore et recevant sérieusement un mandat quelconque du suffrage universel : ce serait à mourir de rire, et le farceur se prendrait réellement au sérieux : ce serait encore plus drôle. Nous avons vu dans ce pays des choses bien étranges, mais il faut espérer, pour l'honneur de la raison et du sens commun, que nous ne verrons pas celles-là.

C'est cependant ce rêve bizarre qui avait germe dans la cervelle du Rédacteur du Moniteur. Pendant que ce naif mortel jouissait des douceurs de la villégiature à Salazie au pied de ces monts géants qui lui semblent, dit-il, des matelots en bordée qui se déchirent la chemise et se donnent des coups de poing dans l'air, le démon de l'ambition vint troubler son intellect. Il se vit comme avait été M. de Mahy ! dans le journalisme, c'est-à-dire dans l'antichambre du Parlement. Quel bonheur d'être représentant du peuple, Membre de Commission du budget et Questeur de la Chambre ! Toutes ces idées de grandeur troublaient la cervelle du pauvre avocat nasillard, il en perdait le sommeil, les trophées de Miltiade empêchaient Thémistocle de dormir. Alors le Moniteur maculait de baisers le cuir facial du Maire de St-Paul. On comptait sur lui pour soutenir la candidature de ce cher Thomy qui se présentait au suffrage des électeurs du bout de l'étang pour le Conseil général. Mais hélas ! Rien n'égale la versatilité du grand citoyen Milhet ! Il baptise des cloches, fait des reposoirs, donne des dîners où l'on compte vingt-deux soutanes, débarque à la suite de l'évêque, dont on le prend pour le caudataire, et après cela, on le voit se poser en libre penseur, présider à des enterrements civils, faire des niches aux congréganistes, et s'enroler dans la fine fleur du radicalisme. Comprenne cela qui pourra. Il est probable que M. Milhet ne se comprend pas lui-même. Il ne tint pas aux promesses qu'il avait faites, le pauvre Thomy fut blackboulé et les deux frères du « Moniteur, » se virent l'objet d'une suite de Grenoble avec accompagnement de sifflets et mottes de sable, de la part des électeurs du bout de l'étang. Pauvre Thomy !

Cet échec lui fut dûr, il ressentit sa bile
Monter en bouillonnant à son cerveau stérile.
Il résolut d'écrire en rentrant au logis,
Un article éminent, à ravir Saint-Denis.

Depuis ce temps, le « Moniteur » n'a fait qu'injurier, et invectiver, le Maire de Saint-Paul, la municipalité de Saint-Paul, et tout ce qui touche à la commune de Saint-Paul. La réponse dont nous nous occupons, un instant aujourd'hui, n'est que la centième répétition des attaques inspirées au Rédacteur et à l'Editeur du « Moniteur » par un sentiment de vengence et de dépit.

Si ces polémiques étaient spirituelles et de bon goût, le public pourrait s'en amuser à la rigueur. Mais non ! d'un côté comme de l'autre, dans les articles du « Moniteur, » aussi bien que dans la prose épistolaire de M. Milhet on ne voit que personnalités insignifiantes, diatribes pitoyables et traits d'esprit tout à fait manqués ; et cela est dit, non sans prétention, de la façon la plus maladroite et la plus déplorable.

Le « Moniteur » comme on le voit plus haut, dans la phrase que nous avons citée, entre en matière en faisant allusion à une prétendue passion qu'il reproche à Monsieur Milhet pour le jeu de la Bouillotte. Mais cela regarde la vie privée du citoyen qui doit être murée. De quel droit M. Thomy Lahuppe livre-t-il un pareil détail à la publicité de son journal ? Que dirait-il, si par de justes repressailles, on lui reprochait aussi quelques habitudes qu'il ne serait pas bien aise de voir rappeler au public ? D'ailleurs, nous sommes en temps de République, chacun prend son plaisir où il le trouve — Le role de professeur de morale ne sied guère à Monsieur Thomy le nasillard, et à moins d'être créancier non payé, d'une dette de jeu de M. Milhet, il n'a pas le droit de reprocher á celui-ci d'être plus ou moins beau joueur.

Et de quelle manière lui fait-il ce singulier reproche ? — Quand on veut faire de l'esprit, il faut être exact et correct. Celui à qui on a passé la parole, au jeu de Bouillotte, est appelé, à « faire » le jeu, et non à le tenir, il faillait donc dire : M. Milhet « fait » tout, et non pas : M. Milhet « tient » tout.

Mais il est inutile de nous appesantir plus longtemps sur un détail de si mince importance, examinons d'une façon générale, l'ensemble de cet article que nous nous étonnons vraiment de voir figurer dans un Journal qui a la prétention d'être sérieux.

Voici le résumé impartial de cette étrange discussion à laquelle MM. Milhet et Thomy Lahuppe ont jugé à propos d'initier le public. Les relations qui existent entre les deux champions étant connues, nous pouvons entrer en matière :

La Commune de St-Paul venait de recevoir magnifiquement M. Lavalley et ses collaborateurs pour les travaux du port et du chemin de fer de la Pointe des Galets. Il y avait eu à ce sujet, sous la direction de M. Milhet, réception officielle, discours plus ou moins grotesques, arc de triomphe, illuminations, galas d'honneur, promenade aux flambeaux, coups de pétards et autres extravagances de même nature. M. Thomy Lahuppe avait sommairement rendu compte de ces manifestations dans un entrefilet du « Moniteur, » et tout naturellement pour faire pièce à M. Milhet, contre lequel nous savons qu'il a une dent, il avait ajouté les réflexions suivantes :

« On dit que le Conseil municipal de St-Paul a voté 10 000 francs pour cette fête, et pour celle qui se prépare à la Pointe des Galets. Il y a lieu de douter que M. Lavalley prenne grand plaisir à ces manifestations bruyantes et dispendieuses. Il pense probablement comme beaucoup de personnes, que la Commune de St-Paul, où il y a énormément de fiévreux et d'indigents, pourrait faire un emploi plus utile de l'argent de ses contribuables. Si l'on donne pour 10 000 francs de fêtes, avant que rien soit commencé, qu'est-ce qu'on fera, quand tout sera fini ? » —

Ces réflexions sont parfaitement justes et elles

devaient naturellement déplaire à M. Milhet, qui aurait dû avoir l'air de ne pas y faire attention, d'autant plus que le « Moniteur » est devenu depuis quelque temps, un journal parfaitement insignifiant qu'on ne lit guère, et que les gens sérieux ne reçoivent encore que pour l'officiel et les annonces judiciaires.

Il ne fallait rien dire, et M. Milhet s'est fâché tout rouge. C'est une maladresse. Il a pris sa bonne plume de Tolède et s'est mis à faire de la copie pour le « Nouveau Salazien, » c'est une grande imprudence, on ne se met pas à engager des polémiques, quand on est complètement étranger à l'art d'écrire. Que M. le docteur Milhet fasse des cataplasmes ou des sinapismes, comme le dit le Moniteur, cela se comprend, mais il est trop vieux pour commencer aujourd'hui à s'occuper de littérature. C'est ce que M. Milhet ne veut pas comprendre, et voilà qu'il s'en va-t-en guerre !

Que dit-il ? — Pas grand' chose : il donne l'occasion de se faire éreinter, et cependant son adversaire est loin d'avoir raison sur certains points que nous tenons à examiner.

Et d'abord, M. Milhet ne veut pas qu'on dise

qu'il gaspille, fait gaspiller ou laisse gaspiller les fonds de la commune de St-Paul. Cette perle, ce phénix, ce parangon des Maires déclare que sa Commune est un véritable pays de Cocagne, où il défie qui que ce soit de trouver un seul malheureux ou indigent fiévreux. Il a payé de ses deniers propres et particuliers les trois modestes repas (modestes est mis par antiphrase) qu'il a offerts à M. Lavalley et à ses collaborateurs. Ses moyens le lui permettent. Il est trés-généreux, il donne à l'assistance publique les six mille francs qu'il touche avec beaucoup de régularité pour ses émoluments de Maire. En vérité, M. Milbet mériterait, comme le dernier des Incas, d'être surnommé le Grand Chef à la main ouverte.

Tout cela mérite preuve et démonstration, et trouve le Rédacteur du « Moniteur » tout à fait incrédule. En cela, maître Thomy a peut-être raison, mais il a réellement tort quand il parle en gouaillant de la fortune et de la naissance de M. Milbet. Est-ce que le « Moniteur » a compté avec le cher docteur ? — Connait-il toutes les ressources que lui offre sa clientelle, depuis les riches propriétaires marquis, jusqu'aux modestes malabars boutiquiers ? Il y a des cures qui rapportent aux praticiens connus de terribles

« à valoir », suivie de plantureux honoraires : c'est ce qui a fait dire à Molière :

Quam bona chosa
Est medicina,
Quæ fecit a gogo vivere,
Tant de gens, omni genere

Quant à la naissance des autres, M. Thomy ne devrait pas en parler, s'il se reppelait un peu la grande colère dans laquelle il s'est mis à propos d'une polémique de M. de Laserve, où entre d'autres attaques fort désobligeantes, il avait rencontré une allusion à la sagaïe de ses pères.

Mais c'est assez nous arrêter aux bagatelles de la porte, laissons ces vétilles, et passons au morceau le plus intéressant de la Réponse à M. Milhet. Vraiment, en lisant cet article on croit assister à une scène grotesque entre Robert Macaire et son acolyte Bertrand. Le premier reproche à l'autre d'avoir fait des affaires fort douteuses au point de vue de la délicatesse, et le second répond au premier qu'il l'a aidé à flouer le public.

« Renoncez à votre illégal marché pour les travaux typographiques, avec la Colonie et les

Communes, dit M. Milhet au « Moniteur » ! — Que de bénédictions vous recueillerez pour l'économie de 50 ou 60 000 francs que vous nous procurerez et qui seront de l'avis de tous, même peut être du vôtre, mieux employés à soutenir les pauvres qu'a enrichir une seule famille. » — Ah ! répond le « Moniteur, » M. Milhet a-t-il oublié le passé ? — Ne se souvient-il plus de tant de comptes rendus merveilleux de fêtes prodigieuses publiés par le « Moniteur, » mais éclos sous sa plume élégante ? — S'il a conservé la collection du « Moniteur », il retrouvera probablement quelque une de ses œuvres et peut-être son propre éloge fait par lui-même. Si M. Milhet est chevalier de la legion d'honneur a-t-il oublié qu'il le doit un peu au « Moniteur » ? N'est-ce pas, en effet notre Journal qui a complaisamment raconte jadis, sur des notes de M. Milhet, peut-être, tous ses exploits et particulièrement la légendaire promenade en bateau sur l'étang de St-Paul, pendant laquelle il a sauvé deux ou trois personnes qui ne voulaient pas être sauvées . . . parce qu'elles n'étaient même pas en danger ? — etc. etc.

Peut-on trouver rien de plus cynique que de pareilles révélations ? — Et comprend-on qu'un Journal digne de ce nom, qui n'a pas toute honte bu, et qui garde encore quelque respect pour la pudeur de ses lecteurs, se permette de les initier à de semblables détails ? — Autant leur dire qu'on les tient pour des imbéciles qu'il est permis de tromper, et à qui on peut impunément, faire avaler les histoires les plus impertinentes. Après de semblables aveux, quel peut-être le crédit du « Moniteur » et de celui qui le dirige, auprès des gens sérieux ? mais il faut-être fou, grelotter la fièvre, oubien avoir l'entendement troublé par quelque autre raison, pour se permettre d'écrire de semblables énormités !

Mon Dieu ! il est donc vrai que l'on doit s'attendre à tout et qu'il ne faut s'étonner de rien, de la part de messieurs les industriels, propriétaires du Journal le « Moniteur » de la Réunion, quand on ose réclamer contre le marché de gré à gré qui leur a été consenti pour les travaux de typographie et de réglure de l'Administration. Ce marché est donc l'arche sainte, la chose sacrée à laquelle il n'est pas permis de toucher, et sur quoi personne ne doit porter de regards indiscrets. M. Milhet a eu l'imprudence d'en dire un mot en passant, et nous venons de voir de quelle façon il a été traité ; quant à nous, nous avons démontré comme deux et deux font quatre que ce marché illégal et abusif, résultat d'un tripotage connu, est contraire à la justice et au droit, en même temps qu'il est onéreux pour les finances de la Colonie. Nous sommes revenu bien souvent sur cette question, si bien que l'opinion publique est désormais faite à cet égard, et que l'Administration a résolu de mettre ce marché en adjudication. Nous avions donc droit aux injures du « Moniteur » et nous devons reconnaître qu'il ne nous les a pas marchandées. Voici les gracieusetés qu'il lance à notre adresse, dans un débat avec M. le Maire de St Paul, où nous n'avions certainement rien à faire :

« Que des écrivains de circonstance, appartenant à une presse immonde et sur la moralité desquels tout le monde est] d'accord, s'en aillent, à travers les chemins, (*) jeter en pature des bourdes pareilles à des badauds et à des ignorants, cela se comprend. Ces industriels là ne vivent que de scandale, de mensonge et de chantage ; M. Milhet doit en savoir quelque chose.

Mais qu'un homme comme M. Milhet, maire d'une grande commune, conseiller général, portant à sa boutonnière la faveur rouge, ramasse des inepties pareilles et les jette à la face d'un public honnête et éclairé voilà ce que nous n'admettons pas. »

C'est ainsi que l'intéressant rédacteur en chef du « Moniteur » imite de Marot l'elégant badinage. A nous deux donc maintenant, et laissons M. Milhet de côté.

Avant d'entrer en matière et de donner nos observations sur ces lignes infectes que nous venons de reproduire bien à contre cœur, nous devons déclarer à ceux qui nous lisent que notre intention était d'abord de ne pas répondre à cette étrange et inqualifiable littérature. Nous ne nous donnons pas la peine ordinairement de lire les [illegible]ns du Rédacteur du « Moniteur ». [illegible]s devoir mieux employer notre temps [illegible]sard que nous avons eu connaissan[illegible]res qui nous sont adressées: un de nos [illegible] a porté ce numéro que nous voulions [illegible]nier pour les usages les plus vulgaires, c'était peut-être la meilleure réponse à faire à de pareilles sottises. Mais si nous avions gardé le silence, notre insulteur aurait peut-être pensé qu'il est intengible et qu'il a réussi à imposer à quelqu'un. Par charité, il faut lui oter cette prétention là. Analysons donc ce morceau:

Vous dites donc, ô trop méprisant rédacteur du « Moniteur, » que ceux qui écrivent contre votre marché appartiennen à une presse immonde. Le mot n'est pas honnête, et ne serait pas employé sûrement par un homme comme il faut : mais comment appelez-vous la presse à laquelle appartient actuellement le Moniteur ? —

Ce Journal dont vous vous servez comme d'un marchepied pour chercher à arriver a une position que vous n'atteindrez jamais. — Ce journal dont vous vous servez pour injurier les passants qui s'opposent en riant a vos étonnantes combinaisons d'avenir, — Ce Journal qui a servi tous les gouvernements et qui se fait un jeu cynique de la conscience publique. — Ce Journal qui après avoir été conservateur est aujourd'hui communard, parceque vous pensez que l'avenir nous conduit au désordre. — Ce Journal . . . . . nous nous arrêtons dans cette énumération qui serait fort longue, et par politesse nous vous dirons de qualifier vous même, la presse a laquelle appartient votre journal.

Passons a un autre point, et examinons maintenant la question de savoir s'il vous sied bien de dire aux autres qu'ils sont d'une moralité « sur laquelle tout le monde est d'accord. » — D'abord croyez-vous que tout le monde soit bien d'accord sur votre moralité a vous ? Simple question. On pourrait consulter a cet égard des polémiques qui ont été soutenues contre vous par M. de Laserve, et autres personnes fort honorables. Voulez-vous que je vous fasse votre biographie ? Vous ferez la mienne si bon vous semble et nous verrons si les rieurs seront de votre côté. Ah ! vous parlez de morale, vous feriez beaucoup mieux de vous taire, c'est surtout sur ce sujet qu'il faut vous dire que le silence est d'or.

L'espace nous manque, ô trop présomptueux Rédacteur du « Moniteur », pour signaler toutes les énormités contenues dans votre article : j'en passe et des plus bouffonnes. Vous appelez bourdes et inepties des vérités démontrées pour tout le monde, vous traitez de badauds et d'ignorants des gens qui pourraient vous en remontrer sous tout les rapports. Ce sont de gros mots qui ne prouvent pas une bonne éducation : pour vous les permettre il faudrait un bagage littéraire et scientifique beaucoup plus lourd que le vôtre, et à part quelque clinquant charlatanesque de journaliste impertinent tout, ce que vous savez, entrerait dans un bien petit livre.

Nous comprenons parfaitement tout le dépit que vous devez éprouver en pensant que vous perdrez un marché qui a fait jusqu'à ce jour votre fortune et celle de votre famille ; mais enfin cela ne suffit pas pour vous donner le droit d'injurier ceux qui, dans l'intérêt des finances du pays, réclament l'exécution des lois et le respect à la justice. Sans doute quand le « Moniteur » ne paraîtra plus accompagné de l'officiel que vous donnez à vos abonnés par surcroît, le vide se fera autour de votre pauvre journal. C'est incontestable, mais est-ce une raison pour trancher de l'homme supérieur et invectiver ceux qui ne vous disent pas de sottises ?

Dans votre intérêt même, il faudrait prendre d'autres allures, vous pourriez trouver des critiques sévères qui vous livreraient aux risées du public. quant à nous, nous vous declarons que votre colère et vos injures ne nous emeuvent pas du tout, oh ! pas du tout, pas du tout.

V. C,

Fin

Saint-Denis le 4 juillet 1878.

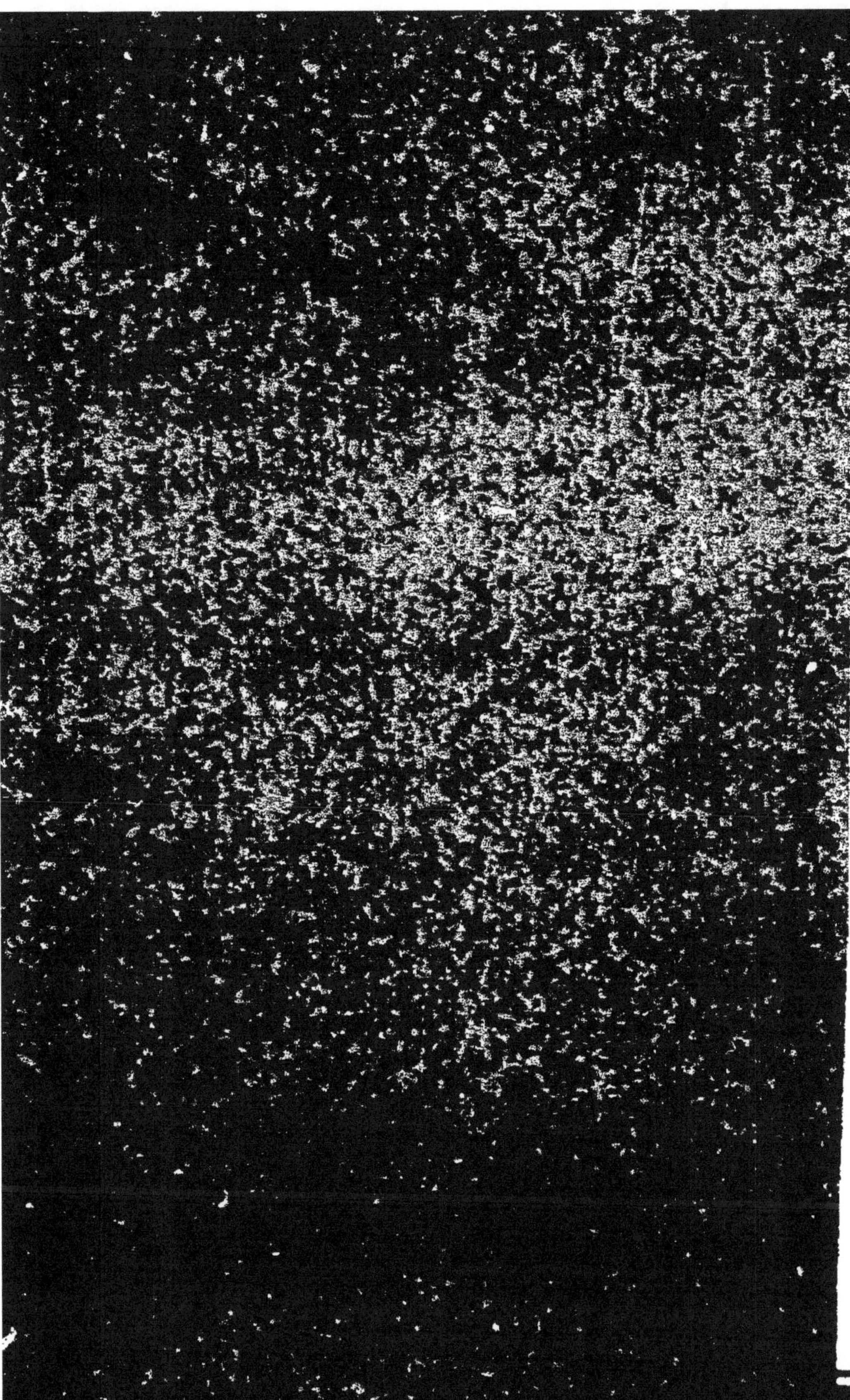

www.ingramcontent.com/pod-product-compliance
Lightning Source LLC
LaVergne TN
LVHW010039230826
846091LV00005B/1783
9782013425490